BEI GRIN MACHT SICH IHR
WISSEN BEZAHLT

- Wir veröffentlichen Ihre Hausarbeit,
  Bachelor- und Masterarbeit

- Ihr eigenes eBook und Buch -
  weltweit in allen wichtigen Shops

- Verdienen Sie an jedem Verkauf

Jetzt bei www.GRIN.com hochladen
und kostenlos publizieren

Bibliografische Information der Deutschen Nationalbibliothek:

Die Deutsche Bibliothek verzeichnet diese Publikation in der Deutschen National-bibliografie; detaillierte bibliografische Daten sind im Internet über http://dnb.d-nb.de/ abrufbar.

Impressum:

Copyright © 2020 GRIN Verlag
Druck und Bindung: Books on Demand GmbH, Norderstedt Germany
ISBN: 9783346145802

Dieses Buch bei GRIN:

https://www.grin.com/document/540604

Norbert Sprung

Kultureinrichtungen als „Dritter Ort". Begriffsklärung
und Analyse von Beispielen aus der Praxis

GRIN Verlag

GRIN - Your knowledge has value

Der GRIN Verlag publiziert seit 1998 wissenschaftliche Arbeiten von Studenten, Hochschullehrern und anderen Akademikern als eBook und gedrucktes Buch. Die Verlagswebsite www.grin.com ist die ideale Plattform zur Veröffentlichung von Hausarbeiten, Abschlussarbeiten, wissenschaftlichen Aufsätzen, Dissertationen und Fachbüchern.

Besuchen Sie uns im Internet:

http://www.grin.com/

http://www.facebook.com/grincom

http://www.twitter.com/grin_com

Technische Universität Kaiserslautern

Distance and International Studies Center (DISC)

Master-Fernstudiengang

„Management von Kultur- und Non-Profit-Organisationen"

Hausarbeit

Kultureinrichtungen als „Dritter Ort" –

Begriffsklärung und Analyse von Beispielen aus der Praxis

Sprung, Norbert

Abgabedatum: 26.03.2020

Inhalt

1. Einleitung

Seit einigen Jahren entwickeln Kultureinrichtungen zunehmend Konzepte zum Aufenthalt, für die Begegnung und den Austausch ihrer Besucher. Sie verfolgen damit das Ziel, sich zu einem sogenannten „Dritten Ort" zu transformieren.

Doch warum eignen sich Kultureinrichtungen besonders gut als „Dritter Ort"? Diese Frage soll in der vorliegenden Arbeit untersucht werden. Hierzu ist es zunächst erforderlich zu betrachten, was ein „Dritter Ort" ist, wie der Begriff entstanden ist und wie dieser definiert wird.

Anschließend soll untersucht werden, wie Kultureinrichtungen die Definition aufgreifen und mit welchen praktischen Konzepten sie den „Dritten Ort" gestalten.

Dazu wird zunächst ein Bereich des deutschen Kulturbetriebs eingegrenzt. Danach werden die verschiedenen Kultureinrichtungen innerhalb dieses Bereichs und ihre Aktivitäten zum „Dritten Ort" dargestellt. Diese Darstellungen werden zusätzlich mit Praxisbeispielen ergänzt.

Anhand der Beschreibungen und der zugehörigen Praxisbeispiele soll dargestellt werden, in wie weit die ursprüngliche Intention des „Dritten Ortes" in den Kultureinrichtungen wiederzufinden ist. Zudem soll ein Eindruck gewonnen werden, auf welche gesellschaftlichen Entwicklungen und Problemstellungen Kultureinrichtungen mit der Transformation zum „Dritten Ort" reagieren. Dieser gesellschaftliche Kontext soll die besondere Eignung von Kultureinrichtungen als „Dritte" Orte noch einmal verdeutlichen und zudem einen Ausblick auf weitere Entwicklungen in diesem Bereich ermöglichen.

Gender Anmerkung:
Im Sinne einer besseren Lesbarkeit wurde im Text entweder die männliche oder weibliche Form von personenbezogenen Hauptwörtern gewählt. Dies impliziert keinesfalls eine Benachteiligung des jeweils anderen Geschlechts. Frauen und Männer mögen sich vom Inhalt dieser Arbeit gleichermaßen angesprochen fühlen.

---

2. Entstehung des Begriffs „Dritter Ort"[1]

Der amerikanische Soziologe Ray Oldenburg entwickelte den Begriff „Dritter Ort" (Third Place) Ende der 1980er Jahre. Ursprung der Begriffsentwicklung war die Untersuchung und kritische Auseinandersetzung mit der Gesellschaft der amerikanischen Vorstadt der Nachkriegszeit, der sogenannten „Suburb". Diese Untersuchung hat Ray Oldenburg

---

[1] Als Definitionsbegriff von Ray Oldenburg wird der dritte Ort im einleitenden Kapitel durch Großschreibung hervorgehoben, darauf wird im weiteren Verlauf der Arbeit verzichtet.

1989 in dem Buch „The Great Good Place – Cafés, Coffee Shops, Bookstores, Bars, Hair Salons and other Hangouts at the Heart of Community" veröffentlicht.

Laut Oldenburg ist es ein Effekt der separierten, häufig anonymen Wohnviertel der amerikanischen Vorstadt, dass sämtliche Erledigungen des Alltags an anderen Orten mit dem Auto erledigt werden müssen.[2] Oldenburg erläutert unter anderem, das isolierte Leben in einem solchen Vorort führe auf Dauer zu „Langeweile, Einsamkeit und Entfremdung".

Er beschreibt das Problem mit dem Fehlen von Versammlungsorten und der fehlenden Möglichkeit ungezwungen und ohne Verpflichtungen Nachbarn und anderen Menschen zu begegnen. Er fasst die verschiedenen Aspekte dieses Begegnens zunächst unter dem Begriff „informelles öffentliches Leben (informal public life)" zusammen. [3]

Im nächsten Schritt versucht Oldenburg einen vereinfachten Begriff für die Orte zu finden, welche die Kernelemente des informellen öffentlichen Lebens („core settings of the informal public life") bieten. In Ermangelung eines existierenden Begriffs, entwickelte er den Begriff „Third Place" auf Deutsch übersetzt „Dritter Ort".[4]

2.1 Definition des dritten Ortes nach Ray Oldenburg

Ray Oldenburg leitet den dritten Ort davon ab, dass er zunächst das Zuhause als ersten Ort (First Place) und daneben den Arbeitsplatz als zweiten Ort (Second Place) voranstellt. Die Reihenfolge entspricht dabei der Abhängigkeit, die zum jeweiligen Ort besteht. Das Zuhause ist der erste regelmäßig beständige Ort an dem ein Mensch lebt und aufwächst. Die Arbeit kommt später hinzu und verleiht dem Individuum eine „produktive Rolle".[5]

Für den dritten Ort nennt Ray Oldenburg in seiner Arbeit eine breite Palette von Beispielen sowohl kommerzieller als auch nicht kommerzieller Orte. Als wichtigste Eigenschaft, neben der heilsamen Wirkung gegenüber Stress, Einsamkeit und Entfremdung, benennt er aber vor allem die Fähigkeit, das Bedürfnis der Menschen nach Gemeinschaft zu bedienen.[6]

Darüber hinaus beschreibt er die folgenden acht Eigenschaften, welche den dritten Ort charakterisieren:

---

[2] Vgl.: Oldenburg, Ray: The great good place: cafés, coffee shops, bookstores, bars, hair salons, and other hangouts at the heart of a community. Da Capo Press, Camebridge, MA, 1997, S. 4ff
[3] Vgl.: Oldenburg, Ray (1997): a.a.O. S. 8ff
[4] Vgl.: Oldenburg, Ray (1997): a.a.O. S. 15f
[5] Vgl.: Oldenburg, Ray (1997): a.a.O. S. 16
[6] Vgl.: Oldenburg, Ray (1997): a.a.O. S. 20

1. *„On Neutral Ground"* – *Neutraler Boden*

Menschen wollen und brauchen den Austausch und freundschaftlichen Kontakt zu anderen Menschen. Zugleich wollen sie diesen Anderen aber zunächst außerhalb ihres privaten Raums d.h. außerhalb von ihrem Zuhause begegnen.

Deshalb braucht es einen Ort auf neutralem Boden, wo die Menschen kommen und gehen können wie es ihnen beliebt und wo niemand die Rolle des Gastgebers einnehmen muss.[7]

2. *„The Third Place is a Leveler"*[8] – *Am dritten Ort sind alle gleich*

Mit dieser zweiten Eigenschaft ist gemeint, dass sich Menschen an einem dritten Ort unabhängig von ihrer Stellung oder ihrem gesellschaftlichen Status begegnen können. Zudem sollen Begegnung und Austausch losgelöst von den Rollen möglich sein, die beispielsweise in der Familie oder am Arbeitsplatz eingenommen werden.[9]

3. *„Conversation Is the Main Activity"* – *Konversation ist die Hauptaktivität*

Die Hauptaktivität, die den dritten Ort am meisten prägt, ist Unterhaltung in Form von angeregter und gepflegter Konversation. Diese schafft eine lebhafte Atmosphäre der Geselligkeit, die zu einem ausgeglichenen Austausch führt, in den sich jeder gleichermaßen einbringen und einen Beitrag leisten kann.[10]

4. *„Accessibility an Accommodation"* – *Zugänglichkeit und Unterbringung*

Öffnungszeit und Lage sind für den dritten Ort besonders wichtig.

Dritte Orte müssen den Menschen außerhalb ihrer Verpflichtungen zu Hause, bei der Arbeit oder in der Schule zur Verfügung stehen. Dies erfordert häufig besonders lange oder angepasste Öffnungszeiten.

Zugleich muss der Ort schnell und gut erreichbar sein. Wenn der dritte Ort zu weit entfernt ist, wird er zunehmend unattraktiv, weil sich die Erreichbarkeit verschlechtert und die Wahrscheinlichkeit sinkt, dass man dort bekannte Menschen trifft.[11]

---

[7] Vgl.: Oldenburg, Ray (1997): a.a.O. S. 22f
[8] Bezogen auf die politische Bewegung/Partei der „Levellers" im 17. Jahrhundert in England.
    Vgl.: Wikipedia.org: Levellers (24.03.2020). URL: https://en.wikipedia.org/wiki/Levellers
    (Stand: 24.03.2020)
[9] Vgl.: Oldenburg, Ray (1997): a.a.O. S. 24 f
[10] Vgl.: Oldenburg, Ray (1997): a.a.O. S. 26 ff
[11] Vgl.: Oldenburg, Ray (1997): a.a.O. S. 32f

5. „The Regulars" - Stammgäste

Eine wesentliche Anziehung des dritten Ortes wird nicht durch die Rahmenbedingungen wie „Sitzkapazität, die Vielfalt der angebotenen Getränke, die Verfügbarkeit von Parkplätzen, Preise oder andere Eigenschaften" erreicht. Wichtiger ist zunächst, dass der dritte Ort mit Leben gefüllt wird und dafür sorgen vor allem Stammgäste, die dem Ort seinen Charakter verleihen und dafür sorgen, dass bei jedem Besuch bekannte Gesichter zu sehen sind.

Mit ihrer Laune und Ihrer Art des Umgangs prägen Stammgäste die Interaktion des dritten Ortes. Entscheidend ist zudem ihre Akzeptanz gegenüber neuen Besuchern, sie ist „essenziell für die anhaltende Vitalität des dritten Ortes".[12]

6. „A Low Profile" – schlicht und zurückhaltend

In seinem physischen Aufbau ist der dritte Ort in der Regel schlicht und zurückhaltend. Bis auf wenige Ausnahmen werden dritte Orte nicht beworben und sie sind nicht elegant. Es gibt auch keine Kleiderordnung, sondern man kann in seiner Alltagskleidung erscheinen.

Dritte Orte zeichnen sich nicht, wie beispielsweise Lokale von Franchise-Ketten, durch Werbung und ein Hochglanz-Image aus. Ihr Ziel ist es auch nicht, mit dem Zweck der Gewinnmaximierung möglichst viel Laufkundschaft zu gewinnen, die sich kurz vor Ort aufhält und und nach dem Konsum schnell wieder geht.

Der dritte Ort präsentiert sich eher schlicht, zurückhaltend aber gemütlich. Er soll vor allem regelmäßige Besucher anziehen. [13]

7. „the Mood Is Playful" – Die Stimmung ist spielerisch

Die Stimmung am dritten Ort ist spielerisch, wobei das spielerische Temperament mehr oder weniger offensichtlich sein kann. Es kann sich durch ausgelassene Stimmung und Gelächter offenbaren oder auch auf subtilere Weise in der Konversation. In keinem Fall sollte man den Anspruch andauernder ernster Gespräche haben.

Oft wird die Art und Weise des spielerischen Umgangs miteinander durch die Stammkunden geprägt.[14]

---

[12] Vgl.: Oldenburg, Ray (1997): a.a.O. S. 33f
[13] Vgl.: Oldenburg, Ray (1997): a.a.O. S. 36f
[14] Vgl.: Oldenburg, Ray (1997): a.a.O. S. 37f

8. „A Home Away from Home" – wie ein zweites Zuhause

Zwischen dem Zuhause und dem dritten Ort gibt es einige prägnante Unterschiede aber auch Gemeinsamkeiten.

Beide Orte bilden ein physisches Zentrum, an welches man regelmäßig zurückkehrt. An beiden Orten versucht man einen Ausdruck der eigenen Persönlichkeit zu hinterlassen. Ein wesentlicher Unterschied ist, dass es sich beim Zuhause um einen privaten Raum handelt, während der dritte Ort ein öffentlicher Raum ist. Dabei kann das Zuhause mitunter rein funktional sein. Ein dritter Ort hingegen funktioniert nur, wenn er eine freundliche und behagliche Atmosphäre bietet. Der dritte Ort bietet ein Gefühl von Zugehörigkeit, beispielsweise durch vertraute Menschen zu deren Gemeinschaft man sich als regelmäßiger Besucher zugehörig fühlt oder auch durch die Freiheiten eines Stammgastes, die einem möglicherweise gewährt werden. Der dritte Ort ist einladend und bietet die Möglichkeit zur Entspannung in Gesellschaft, er kann auch eine Art Zufluchtsort sein.[15]

3. Definition und Merkmale des dritten Ortes im Kulturbereich

Das Modell des dritten Ortes von Ray Oldenburg erfuhr seit dem Erscheinen von „The Great Good Place" im Jahr 1989 eine große Verbreitung über die soziologische Betrachtung hinaus. Seither bildete es vielerorts auch die Grundlage für die Konzeption und Gestaltung realer Orte.[16]

Das Modell wurde im Verlauf der Verbreitung nicht nur positiv angenommen sondern auch vielfach kritisiert. Auf den kritischen Diskurs kann im Rahmen dieser Arbeit jedoch nicht näher eingegangen werden.

Ray Oldenburg beschreibt in seiner auf Erfahrungen, Beobachtungen und historischen Studien beruhenden Definition vor allem Eigenschaften und Rahmenbedingungen der dritten Orte. Einen bestimmten Einrichtungstyp benennt er jedoch nicht. Von profitorientierten Einrichtungen und Franchise-Ketten distanziert er sich zwar, aber bei den meisten seiner Beispiele wie z.B. Cafés und Bars, handelt es sich doch überwiegend um kommerzielle Orte.[17]

Die Unterscheidung zwischen kommerziellen oder gewinnorientierten und nicht kommerziellen Einrichtungen, ist für die Definition des dritten Ortes in der Kultur ein entscheidendes Merkmal. Natürlich gibt es auch im Kulturbetrieb einen privatrechtlich-kommerziellen Bereich. Die Betrachtung der Definitionen und Merkmale des dritten Ortes soll

---

[15] Vgl.: Oldenburg, Ray (1997): a.a.O. S. 39ff
[16] Vgl.: Wikipedia: Dritter Ort (29.01.2020). URL: https://de.wikipedia.org/wiki/Dritter_Ort
(Stand: 24.03.2020)
[17] Vgl.: Oldenburg, Ray (1997): a.a.O. S. 38

sich hier aber auf den öffentlich-rechtlichen Sektor und auf den privatrechtlich-gemein-nützigen d.h. auf den Non-Profit Bereich des Kulturbetriebs beschränken.[18]

Um zu klären, warum sich Kultureinrichtungen gut als dritte Orte eignen, muss zunächst betrachtet werden in wie weit die Definition des dritten Ortes auf Kultureinrichtungen im Non-Profit Bereich anwendbar ist. Dazu muss auch untersucht werden, ob die Grundge-danken und Anforderungen des dritten Ortes zum gesellschaftlichen Umfeld und zum Auftrag bzw. zur Zielsetzung der jeweiligen Kultureinrichtungen passen.

Einige Kultureinrichtungen haben sich bereits auf den Weg gemacht, um diese Fragen zu beantworten und sich zu dritten Orten zu transformieren; sie haben Konzepte entwi-ckelt und umgesetzt.

Im Folgenden soll beispielhaft gezeigt werden, wie Merkmale interpretiert und die Defi-nition des dritten Ortes für den Kulturbereich angepasst wurden. Zusätzlich soll anhand realer Beispiele auch die praktische Umsetzung exemplarisch dargestellt werden.

3.1 Öffentliche Bibliotheken als dritter Ort

In einem neueren Interview benennt Ray Oldenburg unter anderem Bibliotheken als die aktuell wichtigsten dritten Orte.[19]

Diese Feststellung spiegelt wieder, dass sich Bibliotheken tatsächlich als Vorreiter im Kulturbereich bei der Entwicklung und Umsetzung von Konzepten für den dritten Ort erwiesen haben. Bereits seit dem Jahr 2000 ist die Diskussion um dritte Orte im eng-lischsprachigen bibliothekarischen Fachdiskurs und seit 2010 zunehmend auch in der deutschsprachigen Diskussion etabliert.[20]

Durch die weltweite Verbreitung des Internets wurde seit der Jahrtausendwende auch eine immer größere Fülle von Informationen digital verfügbar. Vernetzung und Informa-tionsproduktion durch soziale Medien und zunehmend multimediale Inhalte führten zu einer Informationsflut. Dieser Wandel stellte Bibliotheken vor neue Herausforderungen. Inzwischen bieten Bibliotheken selbst viele digitale Informationsangebote an, doch auch außerhalb bibliothekarischer Dienste werden den Nutzern im Internet zunehmend aus-gewählte und personalisierte Informationen angeboten.

---

[18] Vgl.: Klein, Armin: Der Kulturbetrieb in Deutschland. In: Kompendium Kulturmanagement: Handbuch für Studium und Praxis. Hrsg.: Armin Klein. München. Vahlen. 2017, S. 17f

[19] Vgl.: Steelcase.com: Interview mit Ray Oldenburg (o.J.). URL: https://www.steelcase.com/ eu-de/forschung/artikel/themen/design-q-a/interview-mit-ray-oldenburg/ (Stand: 24.03.2020)

[20] Vgl.: Haas, Corinna; Mummentaler, Rudolf; Schuldt, Karsten: Ist die Bibliothek ein Dritter Ort? Ein Seminarbericht. In: Informationspraxis Bd. 1, Nr. 2 (2015), S.7

Im Zuge dieser fortschreitenden Digitalisierung und der damit einhergehenden gesellschaftlichen Veränderungen, werden vor allem die Öffentlichen Bibliotheken als Einrichtung immer häufiger in Frage gestellt. Sie sind dadurch gezwungen, ihre Rolle kritisch
zu prüfen und sich einem Veränderungsprozess zu stellen, indem sie auch für den Ort
Bibliothek neue Konzepte entwickeln.[21]

Die Diskussion um die Rolle der Bibliotheken betrifft das gesamte Bibliothekswesen. Hier
soll aber nur auf den Bereich der Öffentlichen Bibliotheken eingegangen werden, da der
Bereich der Wissenschaftlichen Bibliotheken vorrangig in Wissenschaft und Lehre und
nicht im Kulturbetrieb verortet ist.

Ray Oldenburgs Konzept des dritten Ortes wurde von den Öffentlichen Bibliotheken bei
ihren Überlegungen dankbar angenommen und wird bis heute immer wieder angeführt.
Die Auseinandersetzung mit praktischen Überlegungen zur Entwicklung der Bibliothek
als dritter Ort lässt sich in drei strategischen Handlungsfeldern darstellen.

Im ersten Handlungsfeld wurde überlegt, welche Kernaufgaben die Bibliothek in ihren
Räumen erfüllt, wie diese attraktiver dargestellt und gestärkt werden können. Zu diesen
Kernaufgaben gehören beispielsweise die Sprach- und Leseförderung, die Vermittlung
von Informationskompetenz und neuerdings auch die Medienbildung. Zusammengefasst
wurden diese Aufgaben unter dem Begriff Lernort, welche vor allem durch neue Kooperationen und Verstetigung von bestehenden Kooperationen mit Partnern aus dem Bildungsbereich (Grundschulen, weiterführende Schulen, Volkshochschulen usw.) gestärkt
werden soll.[22]

Im zweiten Handlungsfeld erfolgte die Auseinandersetzung mit der Gestaltung und Ausstattung der Bibliothek. Dazu zählt neben der Frage nach dem attraktiven Medienange-
bot auch die Attraktivität der Einrichtung d.h. der Raumgestaltung, des Mobiliars und der
technischen Ausstattung sowie der Serviceangebote. Gemütliche Aufenthaltsbereiche,
funktionale Arbeitsplätze sowie kostenloses WLAN und ausreichend Steckdosen sind
nur einige der Stichworte in diesem Zusammenhang.[23]

Im dritten Handlungsfeld wurde überlegt, für welche Angebote der Bibliotheksraum künftig genutzt werden könnte, die bis dahin nicht vorhanden waren und die man womöglich
auch nicht direkt mit der Bibliothek verbindet.

---

[21] Vgl.: Stampfl, Nora S.: Zwischen Realität und Virtualität: Zur Verortung Öffentlicher Bibliotheken. In: Öffentliche Bibliothek 2030: Herausforderungen – Konzepte – Visionen. Hrsg.: Hauke,
Petra. Bad Honnef. Bock + Herchen. 2019, S. 61f
[22] Vgl.: Barth,Robert: Die Bibliothek als Dritter Ort. In: BuB, Forum Bibliothek und Information.
Jg. 67, 07/2015, S. 427
[23] Ebd.

Hierzu gehörten neben der Einrichtung oder Anbindung eines Cafés beispielsweise die Einrichtung von Makerspaces, Repaircafés oder multifunktionaler Bereiche für gemeinschaftliche Aktivitäten.[24]

Besonders die Entwicklung und Umsetzung neuer Angebote aus dem dritten Handlungsfeld konnte zunächst vor allem in großen Stadtbibliotheken erfolgen. Kleinere Einrichtungen adaptieren diese Konzepte aber inzwischen seit einigen Jahren.

Bei der Umsetzung wurde an vielen Stellen schnell klar, dass die Orientierung an Best Practice Beispielen oft nicht ausreicht, um den Erfolg eines neuen Angebots zu gewährleisten. Grund dafür ist, dass Best Practice Beispiele häufig in einem anderen Umfeld erfolgreich realisiert wurden. Für die erfolgreiche Umsetzung ist es unerlässlich, das Umfeld der eigenen Bibliothek zu analysieren, um Zielgruppen und deren Bedarf zu identifizieren. Auf diese Weise ist es möglich im Rahmen eines Gesamtkonzepts passgenaue Angebote zu implementieren, mit denen man diese Zielgruppen erreichen kann.[25]

Zwischenzeitlich wurden schon viele Projekte zur Transformation von Bibliotheken zum dritten Ort umgesetzt und zu vielen dieser Projekte sind Fachartikel und Aufsätze erschienen. Erstaunlich ist dabei, dass sich in den meisten dieser Beiträge nach wie vor auf die Definition des dritten Ortes von Ray Oldenburg berufen wird. Betrachtet man allein den unterschiedlichen Kontext in dem diese Orte entwickelt wurden, muss man von einer Anpassung oder zumindest von einer individuellen Auslegung einiger der von Oldenburg definierten Merkmale ausgehen.

Um festzustellen, warum sich Bibliotheken besonders gut als dritte Orte eignen, ist es daher notwendig einmal abzugleichen, welche vergleichbare Intention die Bibliotheken als dritte Orte mit der Definition von Ray Oldenburg gemeinsam haben.

Öffentliche Bibliotheken sind in Deutschland sowohl in Städten als auch in der Fläche zu finden. Häufig befinden sie sich an zentralen und belebten Orten. Gerade Neubauten und neu gestaltete Bibliotheken gelten aber auch als „[…] positive Standortfaktoren zur Belebung von Wirtschaft und Kultur […]".[26]

Sie bringen verschiedene Eigenschaften mit, „die zu einem demokratischen Ort gehören". Dazu zählen beispielsweise ihre pluralistische Orientierung und ihre

---

[24] Vgl.: Fansa, Jonas: Wie geht es weiter am Dritten Ort? In: BuB, Forum Bibliothek und Information. Jg. 67, 07/2015, S. 438f

[25] Vgl.: Barbian, Jan-Pieter: Orte der demokratischen Teilhabe. In: Öffentliche Bibliothek 2030: Herausforderungen – Konzepte – Visionen. Hrsg.: Hauke, Petra. Bad Honnef. Bock + Herchen. 2019, S.22f

[26] Vgl.: Seefeldt, Jürgen: Öffentliche Bibliothek (Mai 2017). URL: https://bibliotheksportal.de/ informationen/bibliothekslandschaft/oeffentliche-bibliotheken/ (Stand 25.03.2020)

Zugänglichkeit. So erfüllen sie in Zuwanderungsgesellschaften auch eine wichtige Rolle als Treffpunkt und Ort der Orientierung für Migranten und Geflüchtete. [27]

Der Deutsche Städtetag fasst die Rolle der Bibliothek in der Publikation „Bibliotheken als starke Vermittler für Bildung und Kultur in Städten und Gemeinden" sehr gut zusammen, dort heißt es:

„Die wesentliche Dienstleistung von Bibliotheken besteht darin, dass sie für alle Bürger – unabhängig von Einkommen, Status, Alter, Geschlecht oder Herkunft – freien Zugang zu Information, Bildung und Kultur gewährleistet und Angebote der kulturellen Bildung vermittelt." [28]

Bereits in dieser Funktionsbeschreibung lassen sich die ersten beiden Definitionsmerkmale von Ray Oldenburg wiederfinden und auch einige Aspekte aus den anderen sechs Merkmalen (s. Kap. 2.1).

Der Deutsche Städtetag beschreibt den Stellenwert der Bibliothek jedoch nicht nur anhand der Dienstleistungen, sondern auch anhand von Qualitätsmerkmalen des Ortes. Im Text heißt es weiter:

„Zusätzlich erbringt die Bibliothek als öffentlicher, nicht-kommerzieller, geschützter und inspirierender Ort der Begegnung und als Wissensspeicher große Leistungen von gesellschaftlicher Bedeutung." [29]

Diese Beschreibungen von Öffentlichen Bibliotheken decken sich sehr stark mit der Definition und den Merkmalen des dritten Ortes von Ray Oldenburg.

Die Stammkundschaft, die spielerische Atmosphäre, die Ausgestaltung des Ortes oder der Aspekt des Wohlfühlens werden zwar nicht deutlich genannt, sind aber teilweise implizit enthalten und finden sich als wesentliche Bestandteile in zahlreichen Praxisprojekten wieder.

Eine Profilschärfung gegenüber der Definition von Ray Oldenburg findet dagegen vor allem dadurch statt, dass es bei den öffentlichen Bibliotheken explizit um öffentlichen Raum geht und während Oldenburg den dritten Ort auf Grundlage gesellschaftlicher Bedürfnisse darstellt, kommt bei den Bibliotheken mit dem Zugang zu Information, Bildung und Kultur auch ein politischer Auftrag hinzu. [30]

---

[27] Vgl.: Pilzer, Harald: „Third Places" – Öffentliche Bibliotheken als „Dritte Orte" und politisches Projekt. In: ProLibris Jg. 22, 03/2017, S. 103
[28] Bibliotheken als starke Vermittler für Bildung und Kultur in Städten und Gemeinden. Leitlinien und Hinweise zur Weiterentwicklung öffentlicher Bibliotheken. Hrsg.: Deutscher Städtetag. Berlin und Köln. 2016, S. 4
[29] Ebd.
[30] Vgl.: Pilzer, Harald (2017) : a.a.O. S.103

Einige Bibliotheken haben zwischenzeitlich erfolgreich neue Konzepte umgesetzt, konnten neue Räume gestalten oder passende innovative Angebote etablieren. Dadurch haben sie sich zu Treffpunkten und Orten der Gesellschaft entwickelt, die viele Kriterien des dritten Ortes erfüllen. Dies ist jedoch kein statischer Zustand sondern Ergebnis eines kontinuierlichen Prozesses, indem die Bibliotheken ihre Arbeit mit der Bereitschaft zur Veränderung fortlaufend an die sich wandelnden Bedürfnisse der Menschen anpassen müssen.[31]

3.1.1 Praxisbeispiele Öffentlicher Bibliotheken als dritte Orte

In den vergangenen Jahren haben viele Bibliotheken einzelne Maßnahmen oder Gesamtkonzepte umgesetzt, um ihre Rolle als dritter Ort zu definieren oder zu stärken. Besonders neue Einrichtungs- und Veranstaltungskonzepte zeigen hierbei, wie sich die Rolle und das eigene Bewusstsein der Bibliotheken hin zum dritten Ort gewandelt hat.

Als erste Öffentliche Bibliothek in Deutschland richtete die Stadtbibliothek Köln im Jahr 2013 einen sogenannten Makerspace ein. „Der Makerspace ist hier ein offener Raum mit neuer Technologie, mit Tools und Medien zur freien Nutzung."[32] Zudem wurden neue Veranstaltungsformate angeboten, bei denen Experten aus dem Kreis der Nutzer zu speziellen Themen (oft Technik-Themen) Vorträge und Workshops anboten.
Dieses Konzept um den Bibliotheksbesuchern in einer neuen Art und Weise Raum zur Verfügung zu stellen, war ein erster innovativer Schritt in Richtung des dritten Ortes. Während andere Angebote wie z.B. Bibliothekscafés nicht immer unmittelbar angenommen oder zur Kommunikation genutzt wurden,[33] boten die neuen Angebote in Köln erstmals die Möglichkeit, Besucher aktiv in das Angebotskonzept einzubinden.

Die Einbeziehung der Bibliotheksnutzer und Nichtnutzer ist seither ein wichtiges Element bei der Entwicklung für Konzepte des dritten Ortes in Öffentlichen Bibliotheken geworden. Hierbei hat sich in den vergangenen Jahren der niederländische Innenarchitekt und Creative Guide Aat Vos einen Namen gemacht. Mit dem Ziel den Öffentlichen Raum neu

---

[31] Vgl.: Barbian, Jan-Pieter (2019): a.a.O. S. 24
[32] Vogt, Hannelore; Scheurer, Bettina; Pohla Hans-Bodo: Makerspace: Ort für Kreativität und Wissenstransfer (2016). URL: b-u-b.de: https://b-u-b.de/makerspace/ (Stand: 25.03.2020)
[33] Haas, Corinna; Mummentaler, Rudolf; Schuldt, Karsten: Ist die Bibliothek ein Dritter Ort? S. 17f

zu beleben und im Sinne eines dritten Ortes für alle Menschen zugänglich zu machen, hat sich Vos vor allem auf Öffentliche Bibliotheken spezialisiert.[34]

Für die inhaltliche Konzeptentwicklung hat er die Methode des Design Thinking für Bibliotheken eingesetzt. Beim Design Thinking handelt es sich um „einen methodischen Ansatz zur Organisation und Strukturierung von Innovationsprozessen in Organisationen".[35] Dabei werden Mitarbeiter und Nutzer aber auch die Nichtnutzer oder ganze Teile der Stadtbevölkerung einbezogen, um ihre Bedürfnisse zu hinterfragen, statt vorgefertigte Lösungsansätze anzubieten.[36]

Auf Basis dieser Methode hat Aat Vos seit 2016 neue Bibliothekszweigstellen in Würzburg und in Köln konzipiert und eingerichtet, mit dem Ziel die Bedürfnisse aller Beteiligten zu bedienen und die Einrichtungen zu „Bibliotheken der Stadtgesellschaft", d.h. zu Bibliotheken mit denen sich die Bürger identifizieren, zu entwickeln.[37]

Aktuell entwickelt Aat Vos ein neues Konzept für die Kinder- und Jugendbibliothek der Stadt Ludwigshafen. Parallel betreut er auch kooperative Projekte zur Gestaltung dritter Orte, bei denen Bibliotheken nur ein Akteur im Gesamtkonzept sind (s. Kapitel 3.3).

3.2 Andere Kultureinrichtungen als dritte Orte

Nicht nur in Bibliotheken sondern auch in anderen Kultureinrichtungen entsteht durch gesellschaftliche Veränderungen ein zunehmender Veränderungsdruck. Hortensia Völckers, die künstlerische Direktorin der Kulturstiftung des Bundes, hat dies in einem Interview im Jahr 2018 sehr deutlich formuliert, indem sie darauf hinwies, dass Kultureinrichtungen selbst in entlegeneren Gebieten perspektivisch ihr Angebot erweitern müssen, da es sonst nicht mehr gelingen würde, vor Ort ausreichend Publikum zu finden. Es bedürfe eines „breiteren Angebots" im Sinne des dritten Ortes, welches verstärkt in Abstimmung mit benachbarten Einrichtungen realisiert werden sollte, damit sich „[…] die Bevölkerung mit immer unterschiedlicher werdenden Interessen und Voraussetzungen begegnen kann". Sie betont dabei, es ginge „[…] nicht in erster Linie um Kunsterlebnisse,

---

[34] Vgl.: Vos, Aat: Warum Bibliotheken eine dritter Ort für alle werden sollten (16.02.2017). URL: https://aatvos.com/de/blog/warum-bibliotheken-ein-dritter-ort-fur-alle-werden-sollten/ (Stand: 25.03.2020)

[35] Bergmann, Julia: Design Thinking für Bibliotheken (o.J.). URL: http://designthinkingfuerbibliotheken.de/ (Stand: 25.03.2020)

[36] Vgl.: Flicker, Anja: Menschen bringen sich ein. In Büchereiperspektiven. 01/2019, S.20f

[37] Vgl.: Vogt, Hannelore: Die Stadtbibliothek als Dritter Ort. In: Büchereiperspektiven. 01/2019, S. 22f

sondern um eine Kultur des gesellschaftlichen Miteinanders zur kreativen Gestaltung eines guten Lebensumfeldes".[38]

Diese Aussagen machen deutlich, dass sich andere Kultureinrichtungen noch nicht so weit in einem Transformationsprozess hin zum dritten Ort befinden wie z.b. die Öffentlichen Bibliotheken. Vielmehr muss in anderen Kultureinrichtungen häufig erst noch ein Bewusstsein für die Idee des dritten Ortes geschaffen werden. Während der dritte Ort in den Bibliotheken bereits vorhandene Konzepte und Angebote aufgreift und sich im Fachdiskurs zur Bibliotheksentwicklung etabliert hat, betreten andere Kultureinrichtungen hier ein neues Aufgabenfeld.

Viele Kultureinrichtungen sind bereits erste Schritte zur Annäherung an das Publikum gegangen. Vor allem im Theater und Museumsbereich hat man über Besucherforschung und Audience Development einen Perspektivwechsel unternommen und sich mehr auf die Bedürfnisse und Wünsche der Besucher ausgerichtet.[39]

Es sind erste Maßnahmen für die Entwicklung von „[...] partizipativen Modellen und einer konzeptionellen Öffnung hin zur einer Beteiligung möglichst vielfältiger Gruppen".[40]

Auf diese Weise nähern sich Kultureinrichtungen zunehmend der Grundidee des dritten Ortes im Sinne Ray Oldenburgs an, bei der es ebenfalls um die zwanglose Begegnung und den Austausch unterschiedlicher sozialer Gruppen geht (s. Kapitel 2.1).

Der Museumsbereich ist bei der Entwicklung im Sinne des dritten Ortes an verschiedenen Stellen schon einen Schritt weiter. Hier erfolgte bereits eine stärkere Auseinandersetzung mit gesellschaftlichen Veränderungen. Ein Beispiel dafür ist die Auseinandersetzung mit dem Thema Integration. Anschaulich ist dies unter anderem auf der Homepage des Saarländischen Museumsverbands. Hier werden verschiedene Projekte saarländischer Museen zum Thema Integration vorgestellt. Im einleitenden Text dazu heißt es:

---

[38] Völckers, Hortensia: Statt eines Grußworts im Programm zum Ideenkongress zu Kultur, Politik und Alltag auf dem Land. 19.-21. September 2018 in Halle an der Saale. S.5f

[39] Das Audience Development bezeichnet die Gewinnung und Bindung von neuem Publikum mittels Strategien und Maßnahmen des Kulturmarketings. Vgl: Mandel, Birgit: Kulturvermittlung, Kulturmanagement und Audience Development als Strategien für kulturelle Bildung (2012/2013). URL: https://www.kubi-online.de/artikel/kulturvermittlung-kulturmanagement-audience-development-strategien-kulturelle-bildung (Stand: 24.03.2020)

[40] Kobler, Jens: Vielfältige Begegnungen am „Dritten Ort" (01.04.2019). URL: https://www.zak-nrw.de/files/redaktion/dossier07_zak_01apr2019.pdf (Stand: 25.03.2020)

„*Museen sind Orte der Kultur und der Erinnerung. In dieser Funktion greifen sie auch aktuelle Themen der Gesellschaft auf und bieten Raum für Begegnung und Austausch, beispielsweise im Bereich der Integration geflüchteter Menschen.*"[41]

Das Bewusstsein dafür, dass auch Museen auf gesellschaftliche Entwicklungen reagieren müssen und dafür, dass Räume für Teilhabe und Austausch dabei eine wichtige Rolle spielen, zeigt sich auch bei der Beschreibung des Neubaus „Nationalgalerie20" auf der Website der Berliner Stiftung Preußischer Kulturbesitz. Unter der Rubrik „Ort der Begegnung" heißt es unter anderem:

„*[…] Menschen unterschiedlicher Generationen und Herkunft können im Museum ihre Erfahrungen mit anderen austauschen und die Bedeutung von Themen des 20. Jahrhunderts für gegenwärtige, gesellschaftliche Entwicklungen hinterfragen. Bereiche für Partizipation oder Interaktion zwischen Publikum und Werk sind ebenso wie Bereiche für eigene Recherchen in die Ausstellungsräume integriert. Großzügige Werk- und Medienräume stehen für die Arbeit mit Kindern und Jugendlichen, Familien und Kooperationspartnern zur Verfügung – hierunter Bildungspartner (Kitas, Schulen, Universitäten usw.) und Vertreterinnen und Vertreter von Berliner Communities.*"[42]

Dieses Konzept nähert sich bereits stark den Ideen und Merkmalen des dritten Ortes von Ray Oldenburg. Vor allem wird hier ersichtlich, dass Museen z.T. eine ähnliche Richtung einschlagen wie die Öffentlichen Bibliotheken, indem sie vorhandenen Raum für die Bevölkerung zur Verfügung stellen und darin Angebote zur zwanglosen Begegnung und zum Austausch machen. Diese ähnliche Ausrichtung könnte beispielsweise ein Anknüpfungspunkt oder die Grundlage für eine Kooperation sein, ein Faktor der für Kultureinrichtungen zunehmend von Bedeutung ist.

Ähnlich wie in den Öffentlichen Bibliotheken sind es die Themen der räumlichen Öffnung, der Einbeziehung aller Bevölkerungsgruppen und des Community Buildings, welche bei den Museen die Parallelen zum Konzept des dritten Ortes von Ray Oldenburg herstellen. Noch stärker als bei den Bibliotheken findet hier jedoch eine Profilschärfung durch den kulturellen Anspruch, den kulturpolitischen Auftrag und die Auseinandersetzung mit aktuellen gesellschaftlichen Themen statt.

---

[41] Saarländischer Museumsverband e.V.: Integration durch kulturellen Austausch und Begegnung (o.J.). URL: https://www.museumsverband-saarland.de/projekte/fuer-gefluechtete/ (Stand: 25.03.2020)
[42] Stiftung Preußischer Kulturbesitz: Ein neuer Ort des Austausches über Kunst. Ein Museum für alle (o.J.). URL: https://www.nationalgalerie20.de/der-museumsneubau/ort-der-begegnung/ (Stand: 25.03.2020)

Aspekte der spielerischen Atmosphäre und des Wohlfühlens werden hier weniger erwähnt oder herausgestellt als es bei den Bibliotheken der Fall ist. Verknüpfungen des räumlichen Angebots mit den Angeboten und Methoden der Museums- und Theaterpädagogik oder der Kulturellen Bildung liegen jedoch nahe.

Auch die Stammkunden bzw. Stammbesucher werden nicht explizit genannt, nehmen aber sicher als Gruppe in der Besucherforschung eine wichtige Rolle ein.

3.2.1 Praxisbeispiele anderer Kultureinrichtungen als dritte Orte

Ein Praxisbeispiel mit dem Fokus auf Bürgerbeteiligung ist in der westfälischen Stadt Werne zu finden. Dort wurde vom Stadtmuseum das Thema Mobilität aufgegriffen, um partizipative Veranstaltungsformate zu entwickeln. Aus diesem Vorhaben ist ein Projekt entstanden, welches unter anderem von der Kulturstiftung des Bundes gefördert wurde.[43]

Von 2017 bis 2019 wurde das Projekt unter dem Titel „Werne up'n Patt", zusammen mit verschiedenen Partnern, in Form einer Veranstaltungsreihe durchgeführt. Ziel war es, damit das Museum neu zu beleben und Menschen zu erreichen, die bisher nicht zu den Nutzern gehörten. Der Titel in westfälischer Mundart sollte sowohl neugierig machen als auch eine Verbundenheit herstellen.[44]

Innerhalb der zwei Jahre fanden zahlreiche Vorträge, Aktionen und Workshops statt. Dabei wurden auch neue und interaktive Formate ausprobiert, wie z.B. die mobile Ausstellung oder das Erstellen einer Lärmkarte der Stadt, an dem die Bürger sich aktiv beteiligen konnten.[45] Teilweise wurden erfolgreiche neue Veranstaltungsformate nach Projektende als dauerhaftes Angebot etabliert.

Mit dem „Kreativhaus im Moltkepark" ist in Aachen im Rahmen eines Projekts zur Förderung der Jugendkultur eine Art dritter Ort in der kulturellen Bildung entstanden. Initiiert und durchgeführt wurde das Projekt vom Kulturhaus Bleiberger Fabrik, einem vereinsgetragenen Haus für kulturelle Bildung.[46] Im Jahr 2014 wurde im Rahmen eines studentischen Wettbewerbs ein Holzhaus im öffentlichen Moltkepark gebaut, welches auf den

---

[43] Kulturstiftung des Bundes: Werne up'n Patt. Karl-Pollender-Stadtmuseum Werne – gefördert im Fonds Stadtgefährten (o.J.). URL: https://www.kulturstiftung-des-bundes.de/de/projekte/bild_und_raum/detail/werne_upn_patt_unterwegs_zwischen_gestern_und_morgen.html (Stand: 25.03.2020)

[44] Vgl.: Brüggemann, Klaus: Museumsprojekt heißt jetzt „Werne up'n Patt" (28.08.2017). URL: https://www.wa.de/lokales/werne/museumsprojekt-heisst-jetzt-werne-upn-patt-8726745.html (Stand: 25.03.2020)

[45] Vgl.: Kulturstiftung des Bundes: Werne up'n Patt. (o.J.). a.a.O.

[46] Vgl.: Bleiberger Fabrik: Geschichte des Hauses (2018). URL: https://www.bleiberger.de/geschichte-des-hauses/ (Stand: 25.03.2020)

Ideen von Kindern und Jugendlichen basierte. Mit dem Ziel, das Parkgelände an einem ehemaligen Güterbahnhof als einen „In-Spot der Jugendkultur" zu etablieren, wurden anschließend im Kreativhaus und im umliegenden Park viele Aktionen aus dem Bereich StreetArt, Musik und Tanz durchgeführt.

In einem Anschlussprojekt mit dem Titel „Junge Kunst im Park" zogen dann nacheinander sieben Künstler aus unterschiedlichen Orten jeweils für zwei Wochen mit ihren Ateliers in das Kreativhaus ein. Auf diese Weise konnten Interessierte die künstlerischen Prozesse ganz nah begleiten und auch selber aktiv werden.[47]

Seither erfolgt auch weiterhin regelmäßig die Einladung an interessierte Künstler, im Kreativhaus tätig zu werden. Wenn das Haus geöffnet ist bedeutet dies zugleich, dass auch interessierte Menschen eingeladen sind, sich den Arbeitsprozess anzuschauen oder selber in der Werkstatt tätig zu werden. Auch dies ist eine Öffnung des Raums für Begegnung, Austausch und gemeinsames kreatives Schaffen.[48]

3.3 Durch Kooperation zum dritten Ort

Ein wesentlicher Schlüssel für die erfolgreiche Arbeit von Kultureinrichtungen sind Kooperationen mit anderen Akteuren und Einrichtungen. Besonders in Einrichtungen, die seit jeher eine Schnittstellenfunktion zwischen Kultur und Bildung haben, wie öffentliche Bibliotheken aber auch Museen, ist dies eine bekannte Tatsache.

Vorteile der Kooperation sind unter anderem die Steigerung der Bekanntheit sowie Kosten-, Arbeits- und Zeitersparnis. Es können neue Kontakte hergestellt und neue Zielgruppen erschlossen werden.[49]

Auch für den dritten Ort ist Kooperation ein immer wichtigeres Thema. In den vergangenen Jahren sind bei kommunalen Bauprojekten zunehmend gemeinschaftliche Gebäudenutzungen im Kultur- und Bildungsbereich zu beobachten. In Koblenz ist beispielsweise die Stadtbibliothek gemeinsam mit dem Mittelrhein-Museum und der Tourist Information untergebracht.[50] An anderen Orten gibt es auch Kombinationen mit dem örtlichen Stadtarchiv oder der Volkshochschule. Diese räumliche Nähe bringt ein großes Potenzial für Kooperationen mit sich, die sich in einem Konzept für den dritten Ort realisieren

---

[47] Vgl.: Bildungswerk Carolus Magnus e.V.: Jugendkultur findet ihren Platz im Moltkepark (o.J.). URL: http://www.moltkepark.de/#/about (Stand: 25.03.2020)
[48] Vgl.: Sucker, Joachim: Kreativhaus im Moltkepark (23.10.2018). URL: https://www.dritte-orte.de/content/kreativhaus-im-moltkepark (Stand: 25.03.2020)
[49] Borromäusverein e.V.; St. Michaelsbund Landesverband Bayern e.V.: Kooperation (o.J.). URL: http://www.buecherei-praxishandbuch.de/index.php?id=41 (Stand: 25.03.2020)
[50] Vgl.: Koblenz Touristik: Modern:Kunst, Kultur und Bildung im Herzen der Stadt (o.J.). URL: https://www.koblenz-touristik.de/kultur/sehenswertes-koblenz/forum-confluentes.html (Stand: 25.03.2020)

lassen. Diese Meinung vertritt auch Joachim Sucker, der sich als Sozialpädagoge, Blog-ger, Referent und Innovationsbegleiter für Weiterbildungseinrichtungen intensiv mit dem dritten Ort beschäftigt. Er sieht neben dem virtuellen Raum vor allem am dritten Ort auch großes Potenzial für die Gestaltung von Lernumgebungen, z.B. für Formate wie das peer-to-peer oder das kollaborative Lernen.

Um die Vorteile der Kombination von drittem Ort und Lernort herauszustellen, hat Joachim Sucker die Merkmale des dritten Ortes von Ray Oldenburg in Kriterien für einen sogenannten „dritten Lernort" übersetzt und entsprechend erweitert. Hierbei werden praktische Beispiele genannt, die schon im Bereich der Öffentlichen Bibliotheken zu fin-den sind, wie der Einsatz von 3D Druckern oder die Nutzung von Medien. Dies verdeut-licht sehr gut die Möglichkeiten zur Kooperation von Kultur und Bildung.[51]

Zwei Aspekte heben sich als Erweiterung gegenüber den Merkmalen von Ray Olden-burg deutlich ab. Zum einen die Ausstattung mit technischer Infrastruktur wie z.B. W-LAN und zum anderen die Forderung, dass der dritte Lernort kommerzfrei sein soll und der Besuch damit „[…] nicht automatisch an einen Konsum gekoppelt wird."[52]

Darüber hinaus betont Joachim Sucker auch noch einmal ganz deutlich die Wichtigkeit von Kooperation und Netzwerkarbeit, um einen dritten Ort entstehen zu lassen. Zugleich weist er auch darauf hin, dass dritte Orte sehr unterschiedlich sind und sich immer im Fluss von Veränderungen befinden.[53]

Eine besondere Herausforderung beim Aufbau der benötigten Kooperationen und Netz-werke besteht im ländlichen Raum. Hier ist die Zahl der Akteure meist geringer und die Entfernungen teilweise deutlich größer als im urbanen Umfeld. Deshalb ist es wichtig die kulturelle Infrastruktur zu sichern und zu erweitern. Das Land Nordrhein-Westfalen hat vor diesem Hintergrund im Jahr 2019 ein Förderprogramm unter dem Titel „Dritte Orte – Häuser für Kultur und Begegnung im ländlichen Raum" aufgelegt. Hierbei soll die Ent-wicklung dritter Orte im ländlichen Raum und vor allem in strukturschwachen Regionen gefördert werden.

Besonders dort wo „Orte der Begegnung und des gesellschaftlichen Zusammenhalts" fehlen oder wegbrechen, sollen neue dritte Orte entstehen.[54] Der parlamentarische Staatssekretär im nordrhein-westfälischen Ministerium für Kultur und Wissenschaft,

---

[51] Vgl.: Sucker, Joachim: Der dritte Ort als Lernort. In: Weiterbildung. 11/2019, S. 15f
[52] Ebd.
[53] Vgl.: Sucker, Joachim: Der dritte Ort als Lernort (2019): a.a.O. S. 17
[54] Vgl.: Ministerium für Kultur und Wissenschaft des Landes Nordrhein-Westfalen: Förderung. Dritte Orte (2020). URL: https://www.mkw.nrw/kultur/foerderungen/dritte-orte (Stand: 25.03.2020)

Klaus Kaiser nennt beispielsweise „[...] Kirchengemeinden oder auch einfach nur die Kneipe im Dorfkern [...]" die in einigen Orten nicht mehr vorhanden sind. Zugleich verweist er auch darauf, dass die zunehmende Digitalisierung „[...] ein deutlich spürbares steigendes Bedürfnis nach analogen Treffpunkten [...]"[55] erzeugt. Durch „[...] Öffnung und Vernetzung von Kultur- und Bildungsangeboten [...]"[56] sollen im Rahmen des Förderprogramms sogenannte Gemeinschaftsorte entstehen. „Sie sollen Raum bieten für Dialog, Identität stiften und das gegenseitige Verständnis fördern."[57]

Im Sinne des Förderprogramms wird der dritte Ort beschrieben als ein Ort der Kultur (und Bildung), der Begegnung und der Vernetzung.

Darüber hinaus wurden zehn Merkmale definiert, die einerseits den Charakter des dritten Ortes beschreiben und zugleich als Kriterien für die Förderung der jeweiligen Projekte (s. Kapitel 3.3.1) dienen.[58] Darunter sind Merkmale, wie gute Erreichbarkeit, niedrigschwelliger, barrierefreier Zugang, geeignete Öffnungszeiten und einladende Atmosphäre und Gestaltung, die sich sehr stark an den Merkmalen von Ray Oldenburg orientieren. Ähnlich wie bei Joachim Sucker, wurden aber auch hier einige spezifische Merkmale ergänzt. Der Ort soll beispielsweise physisch auf Dauer angelegt sein, es soll eine nachhaltige Verantwortungsstruktur geben, die einen dauerhaften Betrieb gewährleistet und auch die technische Grundausstattung wird hier explizit genannt. Zudem wird die Einbeziehung der Träger und der Nutzer durch neue oder experimentelle Beteiligungsformate genannt und die Einbindung in bereits existierende Stadt- oder Dorfentwicklungskonzepte.[59]

Auch bei diesem Förderprogramm wird deutlich darauf verwiesen, dass dritte Orte unterschiedlich sind und innerhalb einer bestimmten örtlichen Situation entstehen. Sie orientieren sich an lokalem Bedarf und vorhandenen Ressourcen und werden durch engagierte Personen und Einrichtungen realisiert.[60] Diese Feststellung und die starke Orientierung an dem Modell des dritten Ortes nach Ray Oldenburg vereint das Programm, sehr stark mit den bereits genannten Beispielen aus einzelnen Bereichen der Kultur.

---

[55] Vgl.: Kaiser, Klaus: NRW fördert regionale Kooperationen und dritte Orte. In: Kulturpolitische Mitteilungen. IV/2018, Nr. 163, S. 56

[56] Ebd.

[57] Ebd.

[58] Vgl.: Ministerium für Kultur und Wissenschaft des Landes Nordrhein-Westfalen (2020): Förderung. Dritte Orte. a.a.O.

[59] Vgl.: Ministerium für Kultur und Wissenschaft des Landes Nordrhein-Westfalen: Merkmale des dritten Ortes (2019). URL: https://www.mkw.nrw/sites/default/files/documents/2019-01/mkw_nrw_kultur_dritte-orte_merkmale_0.pdf (Stand: 25.03.2020)

[60] Vgl.: Ministerium für Kultur und Wissenschaft des Landes Nordrhein-Westfalen (2020): Förderung. Dritte Orte. a.a.O.

Eine wesentliche Erweiterung ist hier aber, dass die Kooperation und Vernetzung von Akteuren und Einrichtungen aus Kultur und Bildung bei diesem Programm von Anfang an einen zentralen Faktor und eine Voraussetzung für die Förderung darstellen.

3.3.1 Praxisbeispiele kooperativer Konzepte als dritte Orte

Derzeit entsteht mit dem neuen Bildungshaus in Norderstedt ein Projekt, bei dem die Akteure Stadtbibliothek, Stadtarchiv und Volkshochschule gemeinsam in ein neues Gebäude einziehen. Ziel ist es, dass die Angebote der einzelnen Institutionen zu einem Gesamtangebot „verschmelzen" sollen. Zugleich soll das Bildungshaus dritter Ort sein und seine Bedeutung durch die Bürgerinnen und Bürger erhalten, welche das Haus nutzen, darin interagieren und es dadurch mit Leben füllen. In der Vision für das Haus heißt es: „Wir wollen ein Haus bauen, das mehr ist als eine Bibliothek, eine Volkshochschule und ein Stadtarchiv. Einen demokratischen Ort, ein Zentrum für gemeinsame Aktivitäten, einen Raum, der den sozialen Zusammenhalt fördert und Identität stiftet."[61] Für das Projekt wurden verschiedene Experten hinzugezogen, welche die Entwicklung begleitet und gefördert haben, darunter auch Aat Vos.[62] Die konsequente Ausrichtung auf den dritten Ort in einer kombinierten Einrichtung ist neu und macht das Projekt bei einer gelungenen Umsetzung auch als Vorbild für andere Kommunen sehr interessant.

Weitere Praxisbeispiele für dritte Orte im Rahmen von Kooperationsprojekten entstehen derzeit im Rahmen des Förderprogramms „Dritte Orte" des Landes Nordrhein-Westfalen (s. Kapitel 3.3).

In einer ersten Förderrunde wurde zunächst die Entwicklung von Konzepten für einen dritten Ort mit einer Gesamtsumme von 750.000,- Euro gefördert. Hierfür haben sich verschiedene Akteure aus Kultur und Bildung zusammengetan, um entsprechende Konzepte zu entwickeln. Unter den Beteiligten befinden sich hauptamtliche und ehrenamtliche Akteure. Insgesamt sind aus 150 Bewerbungen 17 Vorhaben ausgewählt worden, deren Konzeptentwicklung bis 2020 gefördert wurde.[63]

In vielen der Konzepte sollen bestehende Gebäude für die Entwicklung eines dritten Ortes neu gestaltet und genutzt werden. In der Gemeinde Schalksmühle soll z.B. ein Kirchengebäude zu einem Kultur-, Bildungs- und Begegnungszentrum werden. Im

---

[61] Stadt Norderstedt: Das Bildungshaus in Norderstedt. Ein Haus für alle - Ziele (o.J.). URL: https://www.bildungshaus-norderstedt.de/ (Stand 25.03.2020)
[62] Stadt Norderstedt: Neuigkeiten. Interview: Creative Guide Aat Vos (19.09.2019). URL: https://www.bildungshaus-norderstedt.de/2019/09/19/even-the-all-powerful-pointing/ (Stand: 25.03.2020)
[63] Vgl.: Larisch, Susanne: Dritte Orte: 17 Konzepte wurden zur Förderung ausgewählt. In ProLibris 3/19, S.101

westfälischen Löhne kooperiert die Stadtbibliothek mit einem Verein zur Erhaltung des örtlichen Bahnhofs und soll durch einen Umzug künftig das leer stehende Bahnhofsgebäude neu beleben.[64]

In der 2. Phase des Förderprogramms können bis Sommer 2020 fertige Konzepte für die Förderung der Umsetzung eingereicht werden. Es handelt sich dabei um ein offenes Verfahren, sodass sich sowohl die bereits bei der Konzeptentwicklung geförderten Initiativen ebenso bewerben können, wie auch andere Bewerber mit einem fertig ausgearbeiteten Konzept. Das Förderprogramm läuft noch bis zum Jahr 2023.[65]

4. Fazit

Die verschiedenen Beispiele zeigen, dass eine Transformation und Entwicklung von dritten Orten in vielen Kultureinrichtungen bereits stattfindet. Da Ray Oldenburg den Begriff des dritten Ortes entwickelt und definiert hat, liegt eine Orientierung an diesem Modell nahe. Es zeigt sich aber auch, dass die von Ray Oldenburg beschriebenen Merkmale sich bei nahezu allen Beispielen aus dem Kulturbereich anwenden lassen. Hierfür sind z.T. Anpassungen oder Erweiterungen erforderlich, um den Rahmenbedingungen der Einrichtungen und der aktuellen gesellschaftlichen Entwicklung (z.B. Digitalisierung) gerecht zu werden.

Als Ray Oldenburg 1989 das Modell des dritten Ortes entwickelte, tat er dies mit Blick auf die US-amerikanische Gesellschaft dieser Zeit. Vor diesem Hintergrund stellt sich die Frage, warum sich sein Modell rund 30 Jahre später so gut für deutsche Kultureinrichtungen eignet.

Obwohl er die europäische Gesellschaftsstruktur in seinen Beispielen oft als Gegenentwurf zur US-amerikanischen darstellt, sind in Deutschland heute gesellschaftliche Entwicklungen zu beobachten, die eine starke Parallele zu Ray Oldenburgs Beobachtungen in den 1980er Jahren aufweisen. Die Menschen in Deutschland ziehen sich heute immer stärker auf einen separierten Lebensraum zurück. Im Jahr 2018 waren beispielsweise 42 Prozent der deutschen Privathaushalte Einpersonenhaushalte.[66] Hinzu kommen die Auswirkungen der Digitalisierung, die in den 1980er und frühen 1990er Jahren noch

---

[64] Vgl.: Ministerium für Kultur und Wissenschaft des Landes Nordrhein-Westfalen: Konzeptförderung. Übersicht geförderte Projekte (2019). URL: https://www.mkw.nrw/system/files/media/document/file/190604_MKW_NRW_Kultur_Dritte_Orte_Uebersicht_gefoerderte_Projekte_Foerderphase_1.pdf (Stand 25.03.2020)

[65] Vgl.: Ministerium für Kultur und Wissenschaft des Landes Nordrhein-Westfalen (2020): Förderung. Dritte Orte. a.a.O.

[66] Vgl.: Statistisches Bundesamt: Pressemitteilung Nr. 272 (16.07. 2019). URL: https://www.destatis.de/DE/Presse/Pressemitteilungen/2019/07/PD19_272_122.html (Stand 25.03.2020)

keinen starken gesellschaftlichen Einfluss hatten. Heute besitzen 89 Prozent der deutschen Bevölkerung ab 14 Jahren einen Internetzugang, davon nutzen 71 Prozent, dies entspricht 50 Millionen Menschen, das Internet täglich. 47 Prozent der täglichen Internetnutzer verbrachten im Jahr 2019 ihre Onlinezeit mit Kommunikation über E-Mail, Chat und Messenger-Dienste.[67]

Diese Zahlen machen deutlich, warum der Bedarf nach dritten Orten, als Orten der Begegnung und des Austauschs heute besonders groß ist. Kultureinrichtungen eignen sich hierfür besonders gut durch ihre zumeist zentrale und gut erreichbare Lage und durch ihren Auftrag der Vermittlung von Kultur und Bildung. Die Förderung des dritten Ortes in NRW zeigt dies sehr gut, indem der dritte Ort beschrieben wird als „[...] Ankerpunkt für kulturelle Vielfalt, als ein Beitrag der Kultur zur Stärkung des gesellschaftlichen Zusammenhalts, zur Schaffung von gleichwertigen Lebensverhältnissen und zur Stärkung von Identität."[68] Die Kultureinrichtungen stellen damit auch einen geschützten Raum dar. Öffentliche Bibliotheken und andere Kultureinrichtungen, die ihren Raum gezielt als dritten Ort zur Verfügung stellen, sind zudem kommerzfrei und wie sich an den dargestellten Beispielen zeigt, wird auch die technische Infrastruktur heute schon an vielen Stellen als wichtiger Faktor eingebracht.

Letztlich müssen Kultureinrichtungen auf gesellschaftliche Entwicklungen reagieren, und wie Joachim Sucker festgestellt hat, ist auch der dritte Ort „immer im Fluss der Veränderungen."[69] Diese Parallele zeigt, dass die Kombination der Kultureinrichtungen mit dem Konzept des dritten Ortes eine vielversprechende Entwicklungsperspektive für den Kulturbereich bietet.

---

[67] Vgl.: Beisch, Natalie; Koch, Wolfgang; Schäfer, Carmen: ARD/ZDF-Onlinestudie 2019: Mediale Internetnutzung und Video-on-Demand gewinnen weiter an Bedeutung. In: Media Perspektiven 09/2019, S. 374 ff
[68] Vgl.: Ministerium für Kultur und Wissenschaft des Landes Nordrhein-Westfalen (2020): Förderung. Dritte Orte. a.a.O.
[69] Vgl.: Sucker, Joachim: Der dritte Ort als Lernort (2019): a.a.O. S. 17

Quellen

Monografien

Deutscher Städtetag: Bibliotheken als starke Vermittler für Bildung und Kultur in Städten und Gemeinden. Leitlinien und Hinweise zur Weiterentwicklung öffentlicher Bibliotheken. Hrsg.: Deutscher Städtetag. Berlin und Köln. 2016 (URL: http://www.staedtetag.de/imperia/md/content/dst/veroeffentlichungen/mat/leitlinien_oeffentliche_bibliotheken_mai_2016.pdf. Stand 25.03.2020)

Oldenburg, Ray: The great good place: cafés, coffee shops, bookstores, bars, hair salons, and other hangouts at the heart of a community. Da Capo Press, Camebridge, MA, 1997

Völckers, Hortensia: Statt eines Grußworts im Programm zum Ideenkongress zu Kultur, Politik und Alltag auf dem Land. 19.-21. September 2018 in Halle an der Saale. Hrsg.: Kulturstiftung des Bundes, Team TRAFO. S. 5-7

(URL: http://www.trafo-programm.de/downloads/180909_TRAFO_Programmheft_Ideenkongress_Web.pdf. Stand: 25.03.2020)

Beiträge in Sammelwerken

Barbian, Jan-Pieter: Orte der demokratischen Teilhabe. In: Öffentliche Bibliothek 2030: Herausforderungen – Konzepte – Visionen. Hrsg.: Hauke, Petra. Bad Honnef.

Bock + Herchen. 2019, S. 17-25

Klein, Armin: Der Kulturbetrieb in Deutschland. In: Kompendium Kulturmanagement: Handbuch für Studium und Praxis. Hrsg.: Armin Klein. München. Vahlen. 2017, S. 17-33

Stampfl, Nora S.: Zwischen Realität und Virtualität: Zur Verortung Öffentlicher Bibliotheken. In: Öffentliche Bibliothek 2030: Herausforderungen – Konzepte – Visionen. Hrsg.: Hauke, Petra. Bad Honnef. Bock + Herchen. 2019, S. 61-67

Beiträge in Zeitschriften

Barth,Robert: Die Bibliothek als Dritter Ort. In: BuB, Forum Bibliothek und Information. Jg. 67, 07/2015, S. 426-429

Beisch, Natalie; Koch, Wolfgang; Schäfer, Carmen: ARD/ZDF-Onlinestudie 2019: Mediale Internetnutzung und Video-on-Demand gewinnen weiter an Bedeutung. In: Media Perspektiven 09/2019, S. 374-388

Fansa, Jonas: Wie geht es weiter am Dritten Ort? In: BuB, Forum Bibliothek und Information. Jg. 67, 07/2015, S. 438-439

Flicker, Anja: Menschen bringen sich ein. In Büchereiperspektiven. 01/2019, S.20-21

Haas, Corinna; Mummentaler, Rudolf; Schuldt, Karsten: Ist die Bibliothek ein Dritter Ort? Ein Seminarbericht. In: Informationspraxis Bd. 1, Nr. 2 (2015) URL: (https://journals.ub.uni-heidelberg.de/index.php/ip/issue/view/2148)

Kaiser, Klaus: NRW fördert regionale Kooperationen und dritte Orte. In: Kulturpolitische Mitteilungen. IV/2018, Nr. 163, S. 55-57

Larisch, Susanne: Dritte Orte: 17 Konzepte wurden zur Förderung ausgewählt. In ProLibris 3/19, S. 100-103

Pilzer, Harald: „Third Places" – Öffentliche Bibliotheken als „Dritte Orte" und politisches Projekt. In: ProLibris Jg. 22, 03/2017, S. 100-104

Sucker, Joachim: Der dritte Ort als Lernort. In: Weiterbildung. 11/2019, S. 15-17

Vogt, Hannelore: Die Stadtbibliothek als Dritter Ort. In: Büchereiperspektiven. 01/2019, S. 22-24

Internet-Quellen

Bergmann, Julia: Design Thinking für Bibliotheken (o.J.). URL: http://designthink-ingfuerbibliotheken.de/ (Stand: 25.03.2020)

Bildungswerk Carolus Magnus e.V.: Jugendkultur findet ihren Platz im Moltkepark (o.J.). URL: http://www.moltkepark.de/#/about (Stand: 25.03.2020)

Bleiberger Fabrik: Geschichte des Hauses (2018). URL: https://www.bleiberger.de/ges-chichte-des-hauses/ (Stand: 25.03.2020)

Koblenz Touristik: Modern:Kunst, Kultur und Bildung im Herzen der Stadt (o.J.). URL: https://www.koblenz-touristik.de/kultur/sehenswertes-koblenz/forum-confluentes.html (Stand: 25.03.2020)

Kobler, Jens: Vielfältige Begegnungen am „Dritten Ort" (01.04.2019). URL: https://www.zaknrw.de/files/redaktion/dossier07_zak_01apr2019.pdf

(Stand: 25.03.2020)

Kulturstiftung des Bundes: Werne up'n Patt. Karl-Pollender-Stadtmuseum Werne – ge-fördert im Fonds Stadtgefährten (o.J.). URL: https://www.kulturstiftung-des-bun-des.de/de/projekte/bild_und_raum/detail/ werne_upn_patt_unterwegs_zwischen_gestern_und_morgen.html (Stand: 25.03.2020)

Mandel, Birgit: Kulturvermittlung, Kulturmanagement und Audience Development als Strategien für kulturelle Bildung (2012/2013). URL: https://www.kubi-online.de/artikel/ kulturvermittlung-kulturmanagement-audience-development-strategien-kulturelle-bild-ung (Stand: 24.03.2020)

Ministerium für Kultur und Wissenschaft des Landes Nordrhein-Westfalen: Förderung. Dritte Orte (2020). URL: https://www.mkw.nrw/kultur/foerderungen/dritte-orte (Stand: 25.03.2020)

Ministerium für Kultur und Wissenschaft des Landes Nordrhein-Westfalen: Konzeptför-derung. Übersicht geförderte Projekte (2019). URL: https://www.mkw.nrw/system/files/meda/document/file/190604_MKW_NRW_Kultur_Dritte_Orte_Uebersicht_gefoerderte_Projekte_Foerderphase_1.pdf (Stand 25.03.2020)

Ministerium für Kultur und Wissenschaft des Landes Nordrhein-Westfalen: Merkmale des dritten Ortes (2019). URL: https://www.mkw.nrw/sites/default/files/documents/2019-01/mkw_nrw_kultur_dritte-orte_merkmale_0.pdf (Stand: 25.03.2020)

Saarländischer Museumsverband e.V.: Integration durch kulturellen Austausch und Be-gegnung (o.J.). URL: https://www.museumsverband-saarland.de/projekte/fuer-gefluechtete/ (Stand: 25.03.2020)

Seefeldt, Jürgen: Öffentliche Bibliotheken (Mai 2017). URL: https://bibliotheksportal.de/informationen/bibliothekslandschaft/oeffentliche-bibliotheken/ (Stand 25.03.2020)

Stadt Norderstedt: Das Bildungshaus in Norderstedt. Ein Haus für alle - Ziele (o.J.). URL: https://www.bildungshaus-norderstedt.de/ (Stand 25.03.2020)

Stadt Norderstedt: Neuigkeiten. Interview: Creative Guide Aat Vos (19.09.2019). URL: https://www.bildungshaus-norderstedt.de/2019/09/19/even-the-all-powerful-pointing/ (Stand: 25.03.2020)

Steelcase.com: Interview mit Ray Oldenburg (o.J.). URL: https://www.steelcase.com/eu-de/forschung/artikel/themen/design-q-a/interview-mit-ray-oldenburg/ (Stand: 24.03.2020)

Stiftung Preußischer Kulturbesitz: Ein neuer Ort des Austausches über Kunst. Ein Mu-seum für alle (o.J.). URL: https://www.nationalgalerie20.de/der-museumsneubau/ort-der-begegnung/ (Stand: 25.03.2020)

Sucker, Joachim: Kreativhaus im Moltkepark (23.10.2018). URL: https://www.dritte-orte.de/content/kreativhaus-im-moltkepark (Stand: 25.03.2020)

Vogt, Hannelore; Scheurer, Bettina; Pohla Hans-Bodo: Makerspace: Ort für Kreativität und Wissenstransfer (21.12.2016). URL: b-u-b.de: https://b-u-b.de/makerspace/ (Stand: 25.03.2020)

Vos, Aat: Warum Bibliotheken eine dritter Ort für alle werden sollten (16.02.2017). URL: https://aatvos.com/de/blog/warum-bibliotheken-ein-dritter-ort-fur-alle-werden-sollten/ (Stand: 25.03.2020)

Wikipedia.org: Dritter Ort (29.01.2020). URL: https://de.wikipedia.org/wiki/Dritter_Ort (Stand: 24.03.2020)

Wikipedia.org: Levellers (24.03.2020). URL: https://en.wikipedia.org/wiki/Levellers (Stand: 24.03.2020)

.